SANUKA

I. Elle en appelle à la Lune
II. She calls on the Moon

bilingue français/anglais
bilingual french/english

Titre:
Elle en appelle à la Lune/ She calls on the Moon
Auteur: SANUKA
Reproduction interdite, tous droits réservés à: Sanuka

Achevé d'imprimer en août 2019
Imprimé en France
Dépôt légal août 2019
10euros. ISBN:
9782956981701

SOMMAIRE:

À toi, Quentin…

Je revois encore ton sourire
Sur le quai de cette gare
Si j'avais alors su que ton rire
S'éteindrait des heures plus tard
Je n'aurai jamais cessé
De te regarder
Dans ce train
Je n'aurai jamais cessé…
Toujours je t'aimerai.

Bis repetita placent:
*Se dit d'une chose qui,
plus elle est répétée, plus
elle plaît.*

Liberté
Liberté
Liberté
Liberté
Liberté

...

Libre.

PETITE ZEBRE

Gazelle n'es-tu, les jambes tu as
Fine comme une brindille
Tu te lances tête en bas
Dans les ronces tu scintilles

Et puis tes mains lisses
Et puis tes bras légers
Sur toi une esquisse
Coulent des larmes sucrées
Et sur ces cicatrices
Jaillissent des baisers

Petite zèbre tu vis
À toute vitesse tu vas
Petit cœur connait le prix
Des doux leurres ça et là

Le jour se lève sur toi
À nouveau tu lui souris
Quelle chance le monde a
Petite zèbre n'est plus fille

Survivante d'effroi
Elle est reine de sa vie
Petite zèbre à l'abri
Libre mais de quoi?

Rayures pâle et sang
À jamais sur la peau
Gracieux filaments
Effilés au couteau
Et ce rouge assaillant
Petite zèbre sous l'eau.

Froid.

WANTED

Toi qui manques à mon âme
Qu'est-ce qui te retient?
Je m'abandonne, lâche les armes
Ton visage s'éteint.

Quelle sensation étrange!
Es-tu mon âme jumelle?
Certains ont cette chance
D'amour perpétuel.

Et d'autres comme nous
Se déchirent par instinct
Se manquent plus que tout
Maudites par le Divin.

Me vois-tu dans tes rêves?
Car tu hantes les miens
Et c'est le cœur aux fers
Que tu me quittes un matin.

Dentelle ou une telle

Virevolte parmi les astres
Qui brillent sous chaque pas
Loin des Hommes, elle revit
Et près de toi, la voici.

Frivole, folle, elle file
Bien avant le levé du jour
Seul son parfum sur les nuages
Témoignent de son amour.

N'en déplaise, elle est libre
Son sourire est Râ dieu
Et fredonne sa beauté
Les formes de sa voie lactée

De coton ou de soie
Et dentelle ou une telle
Tel en est témoin
Sur la Lune danse-t-elle?

Le corps ambulant

Et l'âme en orbite

Elle s'en va en tissant

De sa soie poétique

L'épygine brûlante

De magie arcanique

Orbitèle.

Rêve

C'est alors que mon souffle se coupe
Le plafond semble si haut
Suis-je unique parmi toutes
Celles dont tu as effleuré la peau ?

Qui es-tu? D'où viens-tu?
Toi qui me possèdes tant
Serait-ce un enchantement?
Tu ne dis rien… M'entends-tu?

Ton air si chaud conforte mon âme
Elle qui a si longtemps eu froid
Sur mes joues brûlent des larmes
J'ai si peur de te perdre, parfois.

Toujours, je me suis demandée
Retrouverai-je cette moitié?
Maudits à des siècles d'errance
La voici, notre éternelle danse

Sur nos pas les étoiles s'illuminent
Sur ta voix, on peint la vie
Sur mon sein je te dessine
Mon amour, mon amant, mon ami.

Silhouettes.

Par un merveilleux soir

Soudain je me réveillais

À la lumière d'une mère veilleuse

Lune ronde grise argentée

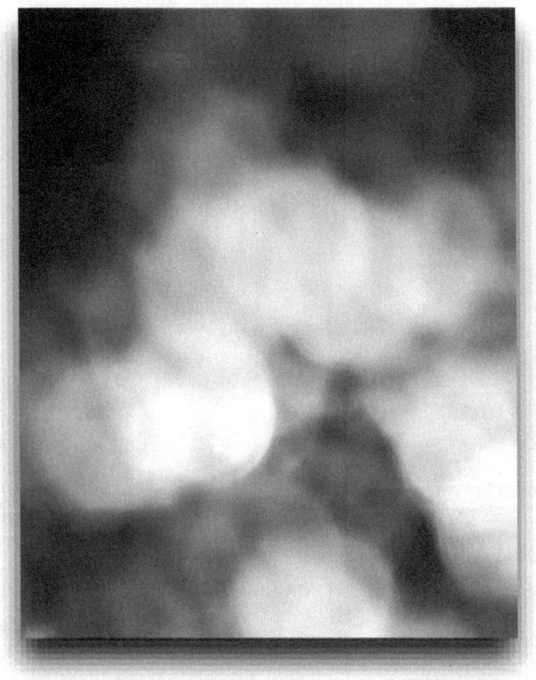

Lumière.

Plume nommée désir

Au grès des vents je me soulève
Entre les nuages je m'endors
Comme une caresse sur tes lèvres
Entre les racines je m'en sors

Plume légère et volante
Où est la branche suivante?
Dans la paume de tes mains
Un délicat parfum

Et je m'envole à nouveau
L'air est doux et chaud
Vers quel chemin vais-je?
Me voici posée sur la neige

Au sommet, le voilà grand
Robuste est l'arbre et son gland
Je t'effleure un peu plus fort
Les feuilles tombent sous nos efforts

L'hiver est là, je suis partie
Sur ce lac froid, je m'assouvie
Nue et frêle petite plume
Reviens à moi après la brume.

Baisez-moi sur le coeur
De vos lèvres gercées
De vos lèvres abimées
De vos lèvres saignées

Baisez-moi.

Non vicerunt

Ai-je été ton ennemie, par hasard?
Je n'en ai aucun souvenir
Cette haine dans le regard
Et je t'ai vu partir…

Je suis venue, j'ai vu, tu as vaincu,
Il était encore trop tôt
Pourquoi n'es-tu pas Roméo?
Oh ! Juliette sait que l'amour tue.

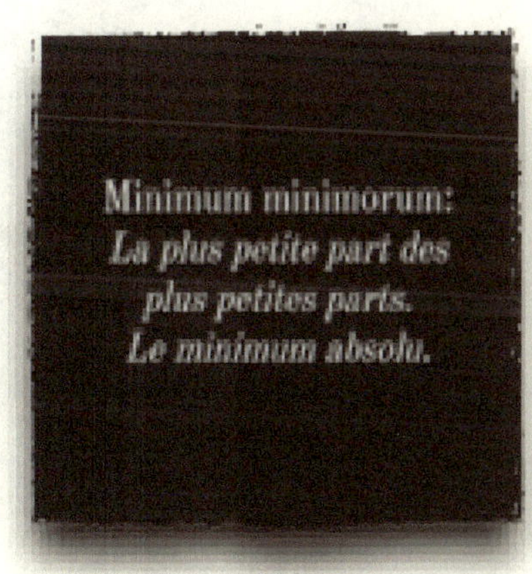

*Elle n'est plus l'ombre de son
Passé
Mais la lueur de son
Avenir.*

Lueur.

Gribouillis.

Bulle.

On maquille bien les cadavres
On habille bien les poupées
On navigue entre l'amer
Ton sang au goût salé.
Je m'y baigne et te caresse
La mort ne fait que passer.
Et cette tâche de naissance
En forme de poisson
On dirait, si on s'approche
Une bulle d'air, pas de savon
Je me penche sur toi
Violet est ton corps
En fait tu n'es plus là
Moi qui en voulais encore
Peut-être as-tu eu raison?
D'être parti sans au revoir
Être ou ne pas être, ce soir
Quelle étrange question!
Si paraître c'est vivre
Je ne suis, ni dû naître
Parmi tant d'agitation.
Parmi tant d'agitation
Parmi tant… D'agitation.

Prosopopée:
Figure de style consistant à faire parler et agir un être inanimé, un animal, une personne absente ou morte.

Oh capitaine, je capitule,
Adieu et je vous aime,
Je jette l'ancre dans ma bulle.
Oh capitaine, je capitule,
Face à tant de haine,
Belle est la solitude…

Danse le ciel

Que sonne le clairon !
Le jour se relève
D'une nuit de passion
Que tendu soit le glaive!

À ses lèvres tu pends haut et court
De ton gant de fer
Retires le masque de velours
Dans le feu sacré et fier
Unis soient les amants
Bénis d'amour brûlant
De grâce! Qu'on les laisse faire!

Démons et dieux dansent
L'univers tremble, en transe
La terre secoue ses plumes de soie
Le ciel témoigne, sans voix

De par les étoiles et les mers
On raconte que cette fois
Le diable dans les airs
Embrassa la divine croix

Et que celle qu'on rejetait
Par son nom, par sa foi,
Devînt celle qu'on murmurait
De crainte qu'elle nous voit.

Se consumer d'amour
Et s'enflammer de mots
Masque de chair et de cire
De la cendre sur la peau

Cendres.

Elle respire

Regardez-la comme elle respire
Quelle aisance! Quelle beauté!
Regardez-la comme elle respire
Sous ces vagues de cruauté

Qu'il est bon de se mouvoir
Dans cette eau si limpide
Ondulations de nageoires
Larmes ocres, cœur livide

Assise sur ce rocher
Elle contemple l'Univers
« Ce monde a l'air agité… »
Se dit-elle, solitaire.

Face à face

Tu peux bien être le Diable
Je m'accrocherai à tes cornes
L'amour ne peut pas être coupable
Ni même les cieux, ni personne.

Ton souffle me transperce
De mille lames d'acier
À terre mon bouclier
Que la mort me berce.

Pentacle.

Elle en appelle à la Lune

Amour lunaire et alchimie
Marque stellée sur cette terre
Le corps en cercle et harmonie
Spirituelle enfant guerrière

Elle en appelle à la Lune
Comme on prie les dieux
Elle en appelle à la Lune
De l'espoir plein les yeux

Dans les flammes, elle danse
Ne craint ni le feu des mortels
Ni les cieux, ni la potence

Elle est une âme libre
Et brûle de ses passions
Ses rêves deviennent empire
Son royaume, et ses raisons.

Lave

Sous ma peau, lave de sentiments
Non dits brûlants, des mots
Que personne n'entend
À ces heures, à ces maux

Quelle est douce cette mélodie
Que fait mon cœur sous l'eau
Je l'écoute et maudis
Les tambours d'un fardeau.

Et vint le temps où même la Lune
Se cache derrière les nuages
Pour pleurer ses infortunes
Qui frappent le jour en plein visage.

Nos corps échangent dans un langage
Que seules les étoiles comprennent
Elle est moi et je suis elle
Nous sommes seulement
De celles qui s'aiment...

Marteler

Elle qui n'a que son sourire comme habit
Elle qui me désir et me scie
En deux de ses baisers
Nul besoin de marteler

Entre ses lèvres je susurre quelques mots
Les navires se mettent à flots
À l'abordage, oh matelots!
Fruit exquis, et sa peau

Si douce me renverse
L'une contre l'autre,
Le radeau s'agite
Le rythme nous porte
De plus en plus vite

Soudain le silence
Et puis un cri
Entre ses hanches, trésor enfoui
Coffre d'amour et volupté
Nul besoin de marteler.

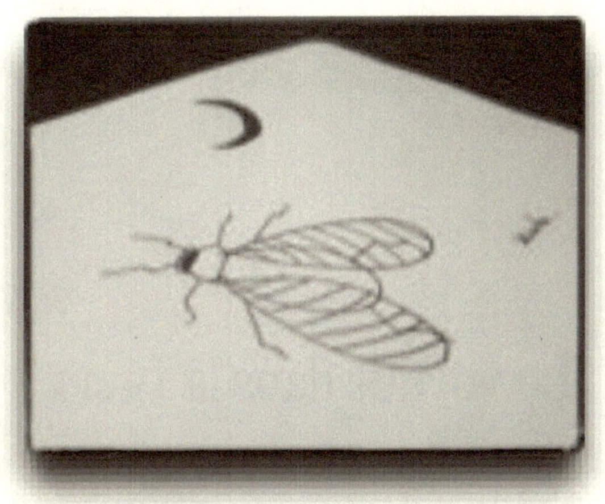

Mouche

L'obscurité de ses souvenirs
Mouche va et vole à chaque geste
Seule témoin de cette averse
Au nom du père et du pire

Il fait de plus en plus sombre
Il s'approche à son tour
Mouche apportes-moi le jour
Pourquoi cette pénombre?

Je ne me suis pas perdue
On m'a déposé ici
Je veux que l'on m'oublie
Mouche, prêtes-moi tes ailes!

Le voyage dans la Lune

Un aller sans retour

À toi bel astre, mon amour

Tu guides mes pas...

Et ma plume

Fin.

She calls on the Moon

english version

CONTENTS:

To you, Quentin…

I can still see your smile on your face
On the platform of this station
If I had known then that your laugh
Would turn off hours later
I would never have stopped
To look at you
I would never have stopped…
Always, I will love you.

Bis repetita placent:
*It said of something that
the more it is repeated,
the more it is pleased.*

Freedom
Freedom
Freedom
Freedom
Freedom

...

Free.

Little zebra

Gazelle you are not
The legs you don't have
As thin as a twig
You throw yourself upside down
In the brambles you scintillate

And then your smooth hands
And then your light arms
On you a sketch
Sweet tears flow
Kisses are gushing out

Little zebra you live
At full speed you're going tittle knows the price
Soft decays here and there

The day is rising on you
You smile at it again
What a luck the Work has
Little zebra is no longer a girl

Survivor of fear
She is queen of her life
Little zebra in the shelter
Free, but of what?

Pale stripes and blood
Forever on the skin
Graceful filaments
Sharpened with a knife
And this assailant red
Little zebra underwater.

Wanted

You who misses my soul
What is keeping you?
I give up, drop the guns
Your face is dying out

What a strange feeling
Are you my twin soul?
Some people are lucky
Of perpetual love

And others like us
Tear more than anything
Cursed by the divine

Do you see me in your dreams?
Because you haunt mine
And it's the heart in irons
That you leave me one morning.

In such lace

Twirl among the stars
That shine under every steps
Far from Men, she lives again
And near you, here she is.

Frivolous, crazy, she's running away
Long before the sun rise
Only he fragrance on your clouds
Witness to her love

No matter what, she is free
Her smile is Râ god
And hums her beauty
The shapes of her milky way

Cotton and silk
Lace or such lace
Earth was far from her
As witnessed by this
Does she dance on the Moon?

The walking body
And the soul in orbit
She goes away weaving
Of her poetic silk
And the burning epygyn
Of her arcanic magic.

Orb-weaving.

Dream

That's when my breath is cut off
The ceiling seems so high
Am I unique among all of them?
The ones you touched the skin on?

Who are you? Where you're from?
You who possess me so much
Would it be an enchantment?
You don't say anything...
Can you hear me?

Your warm air comforts my soul
She who has been cold for so long
On my cheeks there are tears flowing
I'm so afraid to lose you sometimes ...

I have always wondered
Will I find that half again?
Cursed to centuries of wandering
Here it is, our eternal dance.

On our steps the stars light up
On your voice we paint life
On my breast I draw you
My love, my lover, my friend.

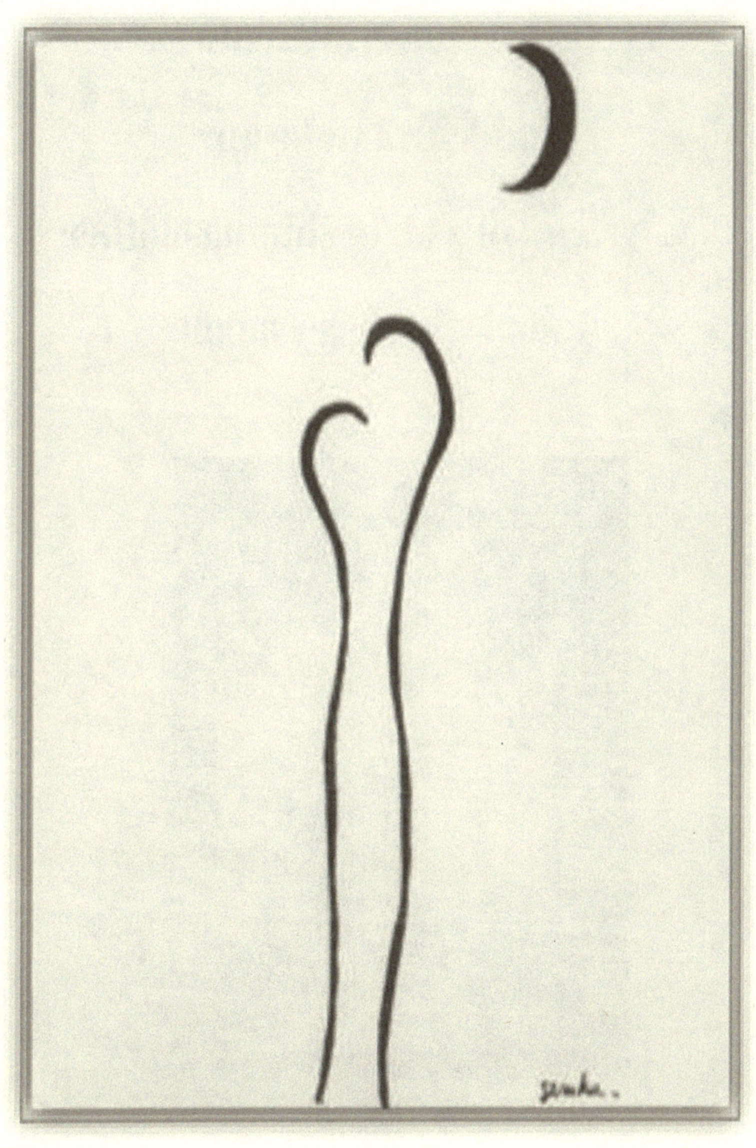

Silhouettes.

On a wonderful evening

Suddenly I woke up

In the light of a night shining mother

Round silver grey moon.

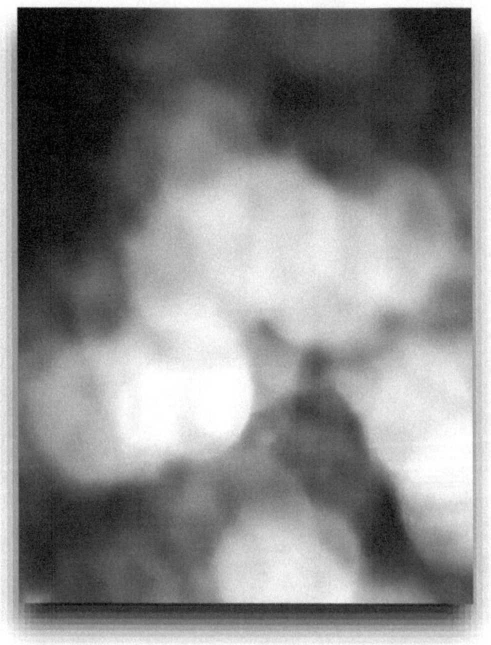

Light.

Feather named desire

I lift up with the wind
Between the clouds I fall asleep
Like a caress on your lips
Between the roots I manage
And I'm flying away again.

The air is soft and almost warm
Which way am I going?
Here I'm sitting on the edge of a cliff
At the top, he is tall

Robust are the shaft and acorn
I am touching a little harder
The leaves fall under our efforts

Winter is here I left
On the cold lake, I indulged
Naked and frail little feather
Come back to me after the mist.

Kiss me on the heart
From your chapped lips
From your damaged lips
From your bloody lips.

Kiss me.

Non vicerunt

Have I been your enemy?
I don't remember it
But the hatred in the eyes
And then you left

I came, I saw, you conquered
It was still too early
Why aren't you Romeo?
O Juliet knows that love kills.

She is no longer the shadow *of her*
Past
But the glow of her
Future.

Glow.

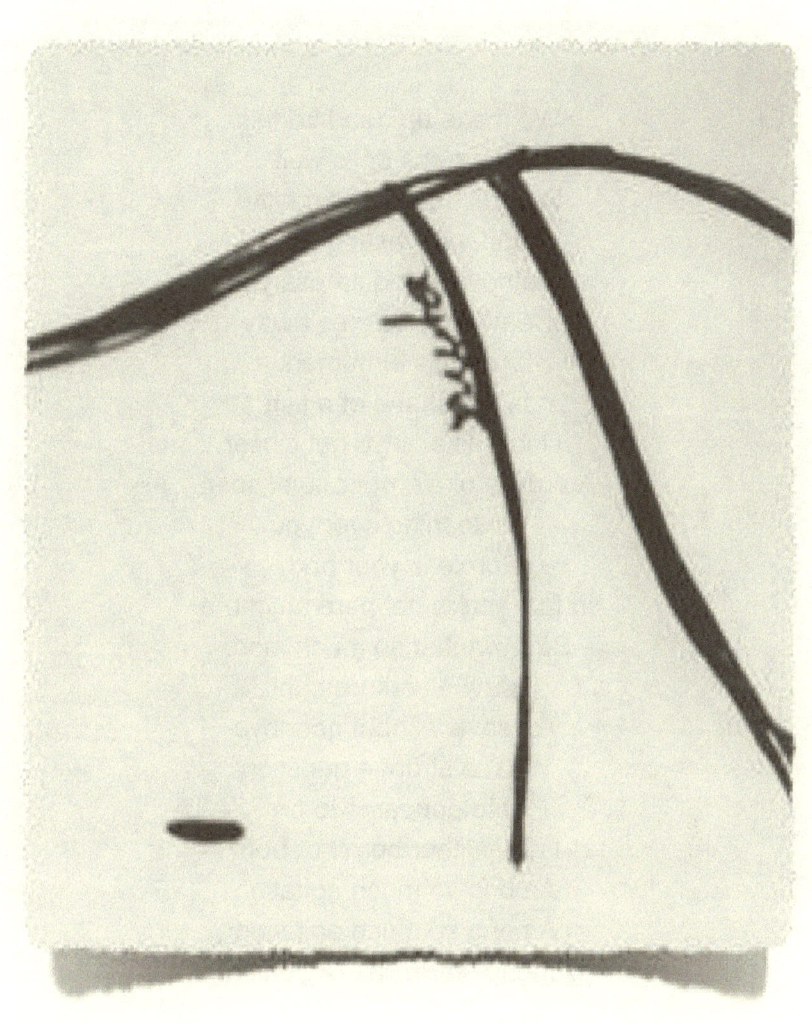

Doodles.

Bubble

We make up dead bodies
We dress dolls well
We sail between the bitter
Your salty tasting blood
I bathe in it and caress you
Death only passes away
And this birth mark
In the shape of a fish
It looks like, if we get closer
A bubble of air, not one of soap
I'm leaning over you
Purple is your body
In fact you're not here anymore
But I wanted so much more
Maybe you are right
To leave without goodbye
What a strange question
If to appear is to be
I am neither born nor born
Among so much agitation
Among so much agitation
Among so much... Agitation.

O captain, I surrender
Goodbye and I love you
I anchor in my bubble.
O captain, I surrender
In the face of such hatred
Beautiful is the loneliness…

Dancing sky

Let the bugler sound
The day is rising again
Of a night of passion
Stretched be the sword!

To his lips you hand high and short
Of your iron glove
Remove the velvet mask

In the sacred and proud fire
United be the lovers
Blessed with a burning love
Please, let them do!

Demons and gods, in a trance
The universe trembles and dances
The Earth shakes her sweet feathers
The sky testifies, without a voice

By the stars and the seas
It is said that this time around
The moved Devil then in the air
Kissed the divine cross.

And that the one we rejected
By name, by faith
Became the one they were
Whispering about
For fear that she will see us.

To burn with love
And ignite with words
Flesh and wax mask
Ashes on the skin

Ashes.

She breathes

Look at her how she breathes
What an ease! What a beauty!
Look at her how she breathes
Under these waves of cruelty

How good it is to move
In this water so clear
Flippers and ripples
Ochre tears, livid heart

Sitting on this rock
She contemplates the Universe
"The world seems so agitated..."
She said to herself, lonely.

Face to face

You can be the Devil
I will hold on your horns
Love cannot be guilty
Not even the heavens, not anyone
Your breath pierces me
Thousands of steel blades
On the ground is my shield
May the death rock me.

Pentacle.

She calls on the Moon

Lunar love and alchemy
Stellate mark on the land
The body in a circle and harmony
Spiritual and warrior child

She calls on the Moon
As we pray to the gods
She calls on the Moon
With eyes full of hope

In the flames she dances
Fear not mortal fire
Neither the heavens nor the gallows
She is a free soul
And burns with her passions
Her dreams are empire
Her queendom and her reasons.

Lava

Under her skin, lava of feelings
No said burning, words
That no one hears
At these hours, at these pains

What is the sweetness of this melody?
Sound of my heart underwater
I listen to it and curse it
The drums of a burden

And came the time when the Moon
Hides behind the clouds
To mourn her misfortunes
That strike the day in the face.

Our bodies exchange in a language
That only stars understand
She is me and I am her
We are only the ones who love
Who love each other...

To hammer

All she has is her smile
She who desires me and saws me off
In two of her kisses
There is no need to hammer

Between her lips I whisper
Ships start to flood
To the boarding, o sailors!
Fruits exquisite on her skin
So sweet, overwhelms me

One on the other
The waves are stirring
The rhythm carries us
Faster and faster

Suddenly the silence
And then a scream
Between her hips
Love and pleasure chest
There is no need to hammer.

Fly

The darkness of the memories
Fly goes and flies on every moves
The only witness of this rainfall
In the name of the father and the worst

It is getting darker and darker
He in turn comes closer
Fly bring me the day!
Why so this obscurity?

I did not get lost
I was dropped off here
I want to be forgotten
Fly lend me your wings!

The journey on the Moon

A one way trip with no return

To you, my love, beautiful aster

You guide my steps...

And my squill

The end.

She wolf.

Restes sauvage, enfant de la Lune.

Stay wild, moon child.